글 최형미 | 그림 이현정

## 작가의 말

### 오늘 내가 혐오한 적 있었나요?

　어린이 친구들은 누군가를 혐오해 본 적 있나요? 혐오라는 말이 되게 무겁고 거창하게 들릴지도 몰라요. 그런데 혐오는 아주 사소한 것에서 시작해요. 나와 조금 다른 외모를 가졌거나 다른 행동을 하는 사람을 향해 무심코 내뱉는 말부터가 시작이거든요. 그 사람에 대해 잘 모르면서 그 사람이 지금 보여 준 행동 하나로 혹은 내 눈앞에 보이는 그 사람의 외모로 그 사람을 판단하고 평가한 내 한 마디가 바로 혐오의 시작이 될 수 있거든요.

　혐오의 대상은 누구나 될 수 있어요. 타인에 대한 이해심을 갖지 않는다면 누구라도 혐오의 대상이 될 수 있거든요. 개인 한 사람이 될 수도 있고, 특정 성별이 될 수도 있고, 어떤 세대가 혐오의 대상이 될 수도 있어요. 혐오가 무서운 건 사소한 미움에서 시작한 감정이 혐오감의 깊이가 깊어지고 커지면 범죄나 죽음과 같은 아주 위험한 결과를 가져올 수도 있기 때문이에요.

    자신을 세상의 중심이라고 여기는 태도를 자중감이라고 한다고 해요. 그런데 내가 세상의 중심이고 내가 중요하면, 다른 사람도 그렇게 생각할 수 있는 포용력과 이해심이 필요하지 않을까요? 나는 존중받고 사랑받고 이해받길 원하면서 타인에게는 혹은 다른 세대에게는 그렇지 못하다면 굉장히 이기적인 태도잖아요. 서로를 존중하고 이해하고 사랑한다면 혐오감이라는 감정이 설 자리가 없을 거예요.

    누군가가 혹은 어떤 세대가 나와 달라 혐오감이 생긴다면 생각을 바꿔 보세요. '아, 나와 다르기 때문에 저런 생각을, 저런 행동을 할 수 있구나.' 혹은 '아, 나와 다른 외모를 가졌기에 저런 장점이 있구나.'라고 말이에요.

    나와 함께 살아가고 또 내가 지나왔거나 나에게 다가올 세대에 대해서 이해하는 마음을 가진다면 그 누구에게도 다정한 손을 내밀 수 있을 거예요.

최형미

## 차례

1. 새 학기는 부담스러워! 12
2. 그런 병이 세상에 어디 있어? 20
3. 친구가 되는 데 가장 중요한 조건은 뭘까? 30
4. 그래도 되는 사람은 없어 40
5. 기다리던 손님 54

- ⑥ 씁쓸한 외출 64
- ⑦ 신나는 장기 자랑이라고? 74
- ⑧ 숨은 가시 찾기 82
- ⑨ 입장 차이를 진심으로 이해하면? 92

★ 나의 혐오감 지수는 몇 점? 102
★ 혐오 대신 공감과 이해하기 103

## 등장 인물

### 나세미

초등학교 5학년인 세미는 재원이보다 1분 먼저 태어나 누나가 되었다. 열정이 넘치고 모든 일에 흥분을 잘한다. 일을 잘 벌이지만 꼼꼼하지 않아 쌍둥이 동생 재원이에게 자주 잔소리를 듣는다. 하지만 동생을 위해 바퀴벌레도 잡아 주는 씩씩한 누나다.

### 나재원

1분 늦게 태어나 동생이 된 것에 불만이 많다. 하지만 누나 세미가 벌여 놓은 일에 늘 적극적으로 동참한다. 책을 좋아하고, 편식을 하다 보니 마르고 은근히 겁이 많다.

### 나잘나

아빠 나잘나 박사는 환경 관련 연구를
주로 하는 공학 박사다.
지구가 오염되는 게 늘 걱정인 아빠의
머릿속에는 엉뚱한 발명품으로 가득 차 있다.
쌍둥이를 누구보다 사랑해서 아이들에게
잘해 주고 싶은 의욕이 과한 것과
요리를 좋아하지만 맛은 없다는 게 단점이다.

### 차분해

엄마 차분해 여사는 초등학교 선생님이다.
엉뚱한 아빠와 쌍둥이를 키우느라
어지간한 일에는 놀라지 않는 강심장이 되었다.
무슨 일이 생기면 어디선가 나타나 깔끔하게
정리해 주는 든든한 쌍둥이 가족의 해결사다.

우당탕!
와다다다다탕!
이게 무슨 소리일까? 천장이라도 무너지는 소리일까?
"아직 멀었어?"
"다해 가!"
"빨리해야 해!"
"여보, 양말! 양말 어디 있어요?"
"엄마, 내 실내화!"
바로 세미와 재원이네 집에서 들리는 소리다. 여느 집의 아침 풍경과 크게 다를 것 없는 모습이다. 출근 준비로 바쁜 엄마가 허겁지겁 서두르는 소리와 아이들이 학교 갈 준비로 바빠 허둥지둥하는 모습이다.

오늘은 새 학기 첫날이다. 1년을 함께 보낼 새 친구와 새 선생님을 만나는 아주 중요한 날이다. 그래서일까? 바쁜 와중에도 차분해 여사와 재원이 얼굴에는 설렘이 묻어났다.
"세미야, 다했어?"
"세미야! 이제 나가야 해!"
"누나, 아직 멀었어? 뭐 하고 있어?"
현관문 앞에 쪼르륵 선 아빠 나잘나 박사와 엄마 차분해 여사 그리고 재원이가 연달아 물었다.

"아직, 아직 못했어."

"뭐라고!"

세미의 말에 세 사람이 동시에 외쳤다.

"세미야, 빨리해!"

차분해 여사도 시계를 보며 발을 동동 굴렀다.

"여보, 아무래도 나 먼저 가야 할 거 같아요. 지금 안 나가면 늦겠어요. 정말 미안해요."

하필 오늘은 안식년으로 휴식 중인 나잘나 박사까지 모처럼 일이 있는 날이다. 시계를 보며 초조해하던 나잘나 박사가 먼저 집을 나섰다.

"세미야, 이제 정말 출발해야 해!"

차분해 여사의 목소리가 높아졌다.

"알았어."

그런데 세미는 뭘 하는지 도대체 방에서 나오지 않았다. 참다못한 차분해 여사는 신발을 벗고 세미 방으로 들어갔다.

"나세미! 도대체 뭘 하는 거야? 어제부터 엄마가 미리미리 준비해 놓으라고 몇 번을 말했어? 새 학기 첫날인데 지각할 거야? 너 때문에 모두 기다리고 있잖아!"

방에서 느릿느릿 양말을 신고 있던 세미를 본 차분해 여사는 결국 화를 내고 말았다. 아침부터 야단을 맞은 세미는 고개를 푹 숙였다.

"엄마, 나 머리가 아픈 것 같은데 조금 늦게 가면 안 돼?"

세미의 말에 차분해 여사가 세미의 이마를 짚어 보았다.
　"열은 없는데…. 어디가 아픈데? 많이 아파?"
　아프다는 세미의 말에 차분해 여사는 표정이 누그러졌다.
　"그냥, 머리가 조금 아파."
　"엄마, 누나 꾀병일걸? 아까 아침 먹을 때까지 멀쩡했거든. 내 소시지까지 뺏어 먹었다고."
　재원이의 말에 세미는 아차 하는 표정을 지었다.
　"나세미! 이유 없이 꾀병 부리고 학교 늦게 가려고 하면 안 돼. 얼른 나와. 이러다 진짜 지각해!"
　차분해 여사의 단호한 말에 세미는 겨우 신발을 신고 나왔다.
　"아무래도 안 되겠다. 오늘만 엄마가 가는 길에 학교 앞 신호등에서 내려 줄게. 지금 걸어갔다간 너희 지각하고 말 거야."
　"앗싸! 신난다."
　차분해 여사의 말에 재원이가 어깨춤을 추었다. 평소에는 10분 거리의 학교까지 세미와 재원이가 함께 걸어가는 것이 규칙이다. 가까운 거리이니 걸어가면서 운동도 되기 때문이다.
　"세미야, 아침부터 엄마가 화내서 미안해. 오늘 하루 잘 보내고, 이따 저녁때 왜 꾀병까지 부려가며 학교에 늦게 가고 싶었는지 엄마랑 이야기 나누자. 알겠지? 둘 다 학교 잘 다녀와!"
　차분해 여사가 학교 앞까지 차로 데려다준 덕분에 시간 절약이 되어 세미와 재원이는 지각하지 않고 무사히 5학년 5반 교실에 들어갈 수 있었다.

'휴.'

교실에 들어서기 전 세미가 한숨을 내쉬었다. 그렇게 꾸물거렸는데도 세미의 계획과는 달리 결국 재원이와 같이 교실에 들어가게 되었기 때문이다.

"얘들아, 안녕!"

"안녕!"

"와, 나재원 나랑 같은 반이네!"

"나세미! 안녕!"

새 학년 새 반이 되었지만, 교실에는 아는 얼굴이 꽤 있었다. 먼저 다가와 반갑게 인사를 건네는 친구도 있었고, 처음 보는 친구 중에는 둘의 이름을 듣고 금세 호기심을 드러내기도 했다.

"나세미, 나재원? 사촌이야?"

"아, 얘네 쌍둥이야."

"쌍둥이? 오, 대박."

"그런데 왜 성별이 달라?"

"얼굴도 다른데?"

"키도 다르다."

쌍둥이라는 말만으로 세미와 재원이에 대해 쓸데없는 것까지 궁금해하는 친구들도 있다. 세미와 재원이는 이란성 쌍둥이라 성별도 다르고 얼굴도 다르다. 솔직히 남매인데 한날한시에 태어난 것뿐이다. 그런데도 자신들과 다르다는 생각에 호기심을 갖거나 신기해하는 친구들이 있다.

**차분해 여사의 한마디**

세상 모든 사람이 똑같은 조건과 환경을 갖고 있지 않아. 생김새가 다른 것처럼 사는 곳, 태어난 환경, 살아가는 모습도 다르지. 그런데도 어떤 사람들은 다르다는 이유로 차별받거나 혐오의 대상이 되기도 한단다.

세미가 딱 질색하는 순간이다. 반 친구들에게 둘러싸여 친구들의 호기심을 해소해 주어야 하는 이 시간이 세미는 너무 싫다. 그래서 늘 다른 반이 되었으면 했다. 하지만 일하는 엄마 차분해 여사를 배려하지 않을 수 없다. 세미와 재원이가 같은 반이면 상담이나 공개 수업, 체험학습 등이 같은 날이라 차분해 여사가 휴가를 한 번만 내도 되기 때문이다.

　세미와 재원이가 이란성 쌍둥이라는 점을 대수롭지 않게 여기는 친구들도 있지만 그렇지 않은 친구들도 많다. 하지만 이러거나 저러거나 새 학기 첫날 아이들의 관심을 받는 건 피해 갈 수가 없다. 남들과 다르다는 건 좋은 점도 있지만 분명 피곤한 점도 많고 단점도 많은 일이다.

"너무 신기하다. 너희 식성도 같아?"

"식성은 다르지 않을까?"

"성격은 다르겠지? 일란성 쌍둥이랑 이란성 쌍둥이는 어떻게 다른 거야?"

"유전인 건가?"

"어떻게 해서 이란성 쌍둥이로 태어난 거야?"

가벼운 질문에서부터 세미가 대답하기 어려운 전문적인 질문까지, 또 사소한 질문에서부터 실례가 되는 질문까지 한참 동안 질문 폭탄이 이어졌다. 세미는 학년이 높아질수록 이런 시간에 기분이 상했다.

하지만 재원이는 아이들의 짓궂은 질문에 얼굴 표정 하나 찡그리지 않고 대답해 주었다. 그런데 재원이의 대답이 세미의 기분을 상하게 할 때도 많다.

"너희도 나중에 결혼하면 쌍둥이 낳는 거야?"

"그럴 수도 있겠지. 우와, 그러면 멋지겠다."

"수업 종 치겠다. 이제 질문 좀 그만할래?"

세미는 눈에 힘을 주고 말했다.

# 2
## 그런 병이 세상에 어디 있어?

학교로 향하는 세미의 발걸음이 가볍다. 며칠 전만 해도 학교에 가는 게 싫었던 세미다. 그러나 이제는 달라졌다. 학교에 빨리 가려고 재원이를 재촉할 정도다.

"나세미, 같이 좀 가. 아침부터 왜 이렇게 힘을 빼."

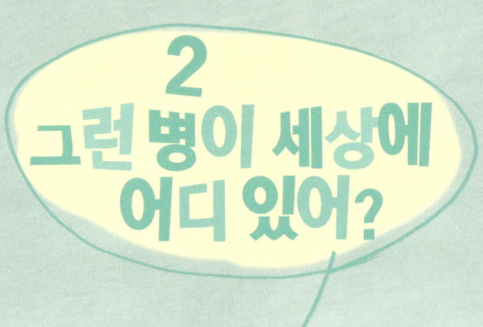

재원이는 엄마 아빠가 없을 때는 누나라고 부르지 않는다. 같은 반에서 누나라고 부르는 건 너무 이상했다. 세미도 딱히 뭐라 하지 않았다. 세미가 거의 달리는 수준으로 걷고 있어 재원이는 쫓아가기 벅찰 정도였다.
"아유, 참 빨리 오라니까."
세미가 이렇게 학교에 빨리 가려는 이유는 새로 사귄 친구 미주 때문이었다. 세미의 뒷자리에 앉은 미주는 세미와 모든 것이 잘 맞았다. 좋아하는 연예인, 음식, 취미에 싫어하는 과목까지. 찰떡처럼 잘 맞았다. 그래서 세미와 미주는 금세 친구가 되었다.
"미주야!"
"세미야!"
마치 이산가족 상봉이라도 하듯 세미와 미주는 멀리서도 서로를 알아보고 달려와 얼싸안았다.

"얼씨구!"

"절씨구!"

세미와 미주가 내뱉는 감탄사도 찰떡처럼 잘 맞았다. 둘은 온종일 조잘조잘 이야기를 나누어도 늘 할 이야기가 넘쳐 났다.

"너 어제 그거 봤어?"

"어, 진짜 재미있더라."

누가 먼저랄 것도 없이 세미와 미주는 어젯밤에 본 영상 이야기를 나누느라 시간이 가는 줄 몰랐다.

"아야!"

이야기에 빠져 있던 미주가 비명을 질렀다.

미주의 짝꿍 성일이가 미주 팔꿈치에 일부러 가방을 내려놓은 것이었다.

"야, 내 책상에 넘어오지 말라고."

"미, 미안해."

미주는 얼른 사과했다.

"미주야, 왜 네가 사과를 해?"

세미는 미주가 정말 너무나 착한 친구라는 생각이 들었다. 하지만 성일이는 아니었다. 착한 마음씨를 가진 미주를 괴롭히는 아주 못된 친구였다.

"야, 오성일! 책상 좀 넘어가면 어때서 친구를 아프게 하니?"

"나세미, 모르는 소리 마. 미주가 자꾸 내 책상을 넘어오면 내가 감염된다고."

"뭐? 그게 무슨 소리야?"

성일이의 말에 미주와 세미 주변에 있던 아이들까지 모두 성일이를 바라보았다.

"미주의 돼지병이 나한테 옮는다고."

성일이는 아주 뻔뻔한 표정을 지으며 말했다. 성일이의 말에 미주는 얼굴이 새빨개지고 말았다.

"야, 그런 병이 세상에 어디 있어? 너 친구한테 그게 무슨 말이야?"

세미가 버럭 소리를 질렀다.

"돼지병이 왜 없어? 돼지들이 걸리는 병인데. 꿀꿀꿀."

성일이는 돼지 울음소리를 내며 미주를 놀리기 시작했다.

"아, 웃겨. 돼지병. 꿀꿀꿀."

"돼지 되는 게 돼지병이야?"

그러자 주변에 있던 남자아이들도 하나둘 성일이를 따라 꿀꿀 소리를 내며 미주를 놀렸다. 다른 아이들까지 합세해서 미주를 놀리자 미주의 눈에서 후드득 눈물이 떨어졌다.

"야! 하지 마! 뭐 하는 짓이야!"

세미는 있는 힘껏 소리를 질렀다.

"야, 나세미 너도 조심해. 같이 놀다가 돼지병 옮아서 너도 돼지가 될지도 몰라."

하지만 성일이는 아랑곳하지 않고 미주를 계속 놀려 댔다. 이제 미주는 책상에 엎드려 울기 시작했다.

**나잘나 박사의 한마디**

사람들은 자주 누군가의 외모를 판단하는 말을 하지. 그런데 이렇게 쉽게 내뱉는 말 속에 누군가를 비하하거나 혐오하는 표현이 있는지 잘 살펴봐야 해. 뚱땡이, 절름발이, 주근깨, 말라깽이, 못난이, 삐쭉이, 땅딸보, 난쟁이, 왕눈이 등처럼 사람의 외모나 체형을 비하하거나 혐오하는 표현은 쓰지 않아야 한단다.

## 청소년의 혐오 표현

청소년 500명 가운데 68.3%가
혐오 표현 경험이 있다고 답변.

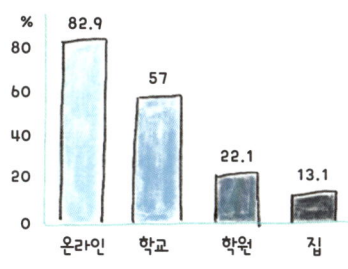

● 장소별 혐오 표현 경험 빈도

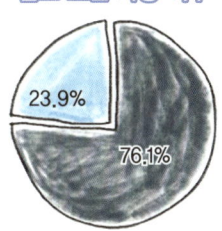

혐오 표현 사용 여부

● 미사용  ● 사용

미사용이라고 답한 학생들 중에는
자신이 사용하는 용어가 혐오 표현임을
인지하지 못했을 가능성도 포함됨.

• 대상 : 만 15~17세 청소년 500명
• 2019년 국가인권위원회가 실시한 설문 조사

"야, 돼지가 운다. 꿀꿀꿀."

"돼지가 운다. 꿀꿀꿀."

사실 누가 봐도 미주는 통통 아니 뚱뚱하다. 초등학교 5학년인데 60킬로 가까이 되니 말이다. 하지만 세미는 미주가 뚱뚱하다고 해서 성일이에게 놀림을 받아야 할 이유는 없다고 생각한다. 다른 사람들보다 살이 조금 더 쪘다는 이유로 놀림을 받는다는 것은 말도 안 되기 때문이다.

"야, 너 그만 안 해!"

세미는 화를 참지 못하고 버럭 소리를 지르며 성일이의 의자를 발로 찼다. 그 바람에 성일이는 뒤로 엉덩방아를 찧고 말았다.

"야, 나세미! 돼지병 옮았냐? 왜 이렇게 힘이 세?"

성일이는 엉덩방아를 찧은 것이 분한지 씩씩거리며 세미에게 시비를 걸었다.

"너 말조심해. 돼지라고 하지 말라고!"

세미는 주먹을 움켜쥐었다.

"거기 뭐야. 왜 이렇게 소란스러워?"

담임 선생님이었다.

"선생님, 오성일이 미주한테 돼지병이라고 놀렸어요."

세미는 선생님에게 성일이가 한 짓을 말했다.

"선생님, 나세미가 제가 앉은 의자를 발로 차서 저 엉덩방아 찧었어요."

성일이도 가만있지 않았다.

"너희들 둘 다 상담실로 와!"

결국, 세미와 성일이 모두 상담실로 가게 되었다. 그리고 반성문을 쓰게 되었다. 세미는 억울해서 견딜 수 없었다.

"선생님, 전 억울해요. 모두 성일이 잘못이잖아요. 친구한테 돼지니, 돼지병이니, 이런 말을 하는 건 나쁜 거잖아요."

"세미야, 다툼에는 일방적인 잘못은 없어. 물론 성일이가 친구에게 나쁜 말을 한 것은 매우 잘못한 일이야. 하지만 세미에게도 잘못은 있어. 어떤 경우에도 폭력은 나빠. 만약 성일이가 크게 다치기라도 했으면 어쩔 뻔했니?"

선생님의 이야기에 세미는 더 화가 났다.

"친구한테 그런 나쁜 행동을 하면 벌을 받는 게 당연하잖아요."

"세미야, 그렇다 하더라도 네가 성일이에게 벌을 주는 건 옳지 않아. 선생님이 너에게 벌을 주는 건 앞으로 또 이런 일이 있을 때 감정적으로 대응하지 않도록 배웠으면 해서야."

선생님이 부드럽게 타일러도 세미의 화난 마음은 가라앉지 않았다. 그런 세미를 보며 성일이가 혀를 쏙 내밀며 놀렸다.

"성일아, 넌 반성하는 마음이 없니?"

"반성하고 있어요."

성일이는 굳은 표정의 선생님을 보자 얼른 표정을 바꾸었다.

"뭘 반성하고 있니?"

"음, 미주에게 돼지라고 한 거요. 다시는 안 그럴게요."

성일이의 말에도 선생님의 표정은 누그러지지 않았다.

"성일이의 행동은 매우 잘못된 행동이야. 오늘 한 행동에 대해 반성문을 쓰는 건 물론이고, 부모님께도 전화드릴 거야. 선생님은 다른 사람의 외모를 비하하거나 혐오하는 건 정말 옳지 못한 행동이라고 생각해."

"선생님, 잘못했어요. 정말 장난이었어요. 엄마한테 전화하지 마세요."

선생님의 말씀에 성일이는 손까지 싹싹 비비며 용서해 달라고 말했다.

"그저 단순한 장난이라고 하기에는 미주가 받은 상처가 너무 클 것 같아. 누군가의 외모를 비하하거나 혐오하는 표현을 쓰면서 단순히 장난이었다고 말하면 그만일까? 사람들은 모두 다른 외모와 체형을 가지고 있어. 누군가는 키가 크고, 누군가는 키가 작아. 또 누군가는 말랐고, 또 다른 누군가는 뚱뚱하기도 하고. 그런데 이런 다름이 비난받거나 놀림당해야 하는 문제니?"

선생님의 단호한 목소리에 성일이는 아무 말도 하지 못했다.

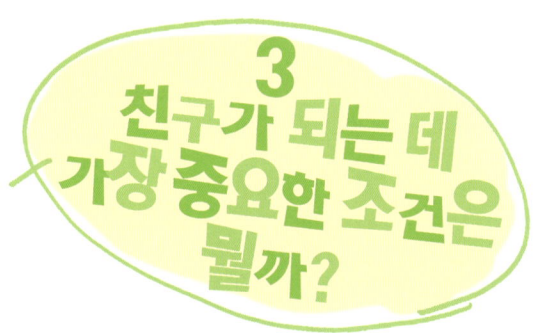

## 3 친구가 되는 데 가장 중요한 조건은 뭘까?

 결국, 세미와 성일이는 상담실에 남아 반성문을 쓰게 되었다. 세미는 너무나 속이 상했다. 속이 상한 건 둘째 치고, 억울하고 분한 마음에 반성문을 쓰는 게 힘들었다. 분명 먼저 미주를 괴롭힌 성일이의 잘못이 훨씬 더 크다. 그렇지만 폭력으로 응대하는 것은 잘못이다. 세미도 이 모든 것이 머리로는 이해가 된다. 하지만 가슴 깊은 곳에서 솟아오르는 화, 원망, 억울함은 견디기 힘들었다. 그래서 자꾸 한숨이 나왔다.

 한 글자 쓰고 한숨 쉬고, 한 글자 쓰고 한숨 쉬는 세미를 보고 성일이가 코웃음을 치며 말했다.

 "나세미, 반성문 쓰는 게 그렇게 어렵냐? 반성문 그거 별거 아니야. 잘못했다고 다시는 안 그러겠다고 대충 쓰면 되는 거야. 너는 그것도 모르냐?"

성일이의 말에 세미는 또 왈칵 화가 났다. 하지만 차분해 여사가 가르쳐 준 대로 심호흡을 하며 참았다. 상담실에 남아 반성문을 써야 하는 바람에 하교 후에 태권도장에 가지 못했고, 차분해 여사에게 연락이 간 모양이다. 그래서 할 수 없이 세미는 오늘 일어난 일을 엄마에게 설명해야 했다.

'우리 세미 억울하고 속상했겠다. 그렇지만 엄마도 선생님 말씀이 맞다고 생각해. 게다가 세미가 반 친구들이 모두 보는 앞에서 친구의 의자를 발로 차서 친구를 넘어지게 한 것은 옳지 못한 행동이야. 어떤 경우에도 폭력은 이해받을 수 없어. 속상하겠지만 반성문을 쓰면서 세미의 행동에 대해 곰곰이 생각해 보면 좋을 것 같아. 참, 억울하고 화가 날 때는 심호흡을 해 보렴. 그러면 내 몸을 뚫고 나갈 것처럼 끓어오르던 화도 좀 가라앉거든.'

차분해 여사에게 온 문자 메시지를 보며 세미는 마음을 가라앉히려고 노력했다. 그런데 성일이가 자꾸 방해했다.

"나세미, 너는 왜 자꾸 사람을 무시해?"

"내가 뭐?"

"아니, 내가 반성문 쓰는 방법을 친절하게 가르쳐 주면 고맙다고 해야지. 왜 대답도 안 하냐고? 휴, 그러니까 내가 말했잖아. 미주랑 놀면 돼지병 옮는다고."

성일이는 세미의 화를 돋우려고 작정한 것 같았다.

'도대체 성일이는 왜 저러는 걸까? 신경 쓰지 말자, 휴. 참자, 참자.'

세미는 혼잣말로 마음을 가라앉혀 보려고 노력했다.
"에이, 정말."
세미에게 시비를 걸어도 반응이 없자 성일이는 시들해졌는지 반성문을 쓰기 시작하더니 순식간에 한 장을 다 채웠다.
"아직도 쓰냐? 내가 반성문 쓰는 방법을 가르쳐 줬는데…. 난 먼저 간다."
성일이는 반성문을 들고 교실로 향했다. 사실 세미도 진즉에 반성문을 다 썼다. 학교에 입학해 처음 써 보는 반성문이다. 세미는 늘 규칙을 잘 지키다 보니 지금껏 반성문을 쓸 일이 없었다. 그래서 반성문을 쓰는 자체가 기분이 이상하기도 하고, 고민이 많이 되기도 했다. 그러다 보니 다 쓰고 나서도 한 번 더 생각하고 읽어 보느라 계속 붙잡고 있었다. 그런데 성일이가 진심으로 반성하지도 않고 대충 반성문을 쓰는 걸 보니 한심해 보이고, 저렇게 쓰는 반성문이 무슨 소용이 있나 하는 생각이 들었다.
"교실에 가서 선생님께 뭐라고 하는지 봐야겠어."
세미도 반성문을 가지고 서둘러 교실로 갔다. 교실에는 아무도 없었다. 반 아이들은 진작 집으로 돌아갔고, 선생님도 잠시 자리를 비운 모양이었다. 그런데 성일이가 내라는 반성문은 안 내고 선생님 책상을 살펴보고 있었다.
"뭐야, 오성일. 선생님 책상에서 뭘 그렇게 보고 있는 거야?"
세미는 서둘러 소리쳤다.
"야, 오성일! 너 뭐 보고 있어?"

33

"이것 좀 봐. 박명호 기초생활수급권자래. 대박!"
성일이는 선생님의 책상에 놓였던 종이를 흔들며 소리쳤다.
"야, 그거 내려놔. 선생님 아시면 혼날 거야."
세미는 성일이에게 소리쳤다.
"내려놓으면 될 거 아냐. 흥, 착한 척은 혼자 다 하고 있어."
성일이는 입을 삐죽거리더니 종이를 내려놓았다.

산사태로 집이 무너졌는데, 국가에서 주는 주거급여 혜택이 있더라고요.

 차분해 여사의 한마디

생활이 어려운 사람에게 생활에 필요한 자금을 국가에서 지원해 최저 생활은 할 수 있도록 보장하고 자립 활동을 돕기 위해 만들어진 법이 '국민기초생활 보장법'이야. 이 법에 따라 급여를 받을 수 있는 자격을 가진 사람이 기초생활수급권자란다.
기초생활보장 급여의 종류는 생계급여, 주거급여, 의료급여, 교육급여, 해산급여, 장제급여 그리고 자활급여로 모두 7가지야. 이중 생계·의료·주거·교육이 가장 기본적인 급여의 종류라고 할 수 있어.

"너희들 거기서 뭐 하니? 반성문 다 쓴 거야?"
때마침 선생님이 들어오셨다.
"네, 여기요. 선생님 잘못했어요."
성일이의 태도에 세미는 소름이 돋았다. 선생님 앞에서의 성일이는 정말 다른 아이였다.
"그래, 성일아. 반성문에 쓴 것처럼 외모를 가지고 친구를 놀리는 건 정말 잘못된 행동이야. 다음부터는 절대 그러지 마. 성일이가 진심으로 반성하는 것 같으니까 부모님께는 전화하지 않을게. 이제 가도 좋아."
"선생님, 감사합니다. 안녕히 계세요."
성일이는 순한 양의 얼굴을 하고는 교실을 나섰다. 세미는 그런 성일이를 보며 고개를 절레절레 흔들었다.
"세미야, 많이 섭섭하고 억울했지? 성일이의 잘못이 크지만 그렇다고 해도 폭력으로 대응하면 안 돼. 성일이도 많이 반성하고 있는 것 같으니까 마음 풀어. 오늘 고생했어."
선생님은 세미의 어깨를 다독여 주었다. 세미는 선생님의 진심이 담긴 위로의 말에 마음 한구석에 뭉쳐져 있던 응어리가 풀어지는 것 같았다.

다음 날, 교실에 들어선 세미는 성일이가 아이들을 모아 놓고 신나게 이야기하는 모습을 보았다.
"너희들 그거 알아?"

"뭐?"
"내가 아주 대박 뉴스를 가지고 왔거든."
세미는 성일이가 무슨 이야기를 하려는지 눈치챘다.
"야, 오성일! 너, 나 좀 봐."
"왜? 너 보기 싫은데."
"나 좀 보자고."
"싫어. 난 아주 중요한 이야기를 해야 하거든."
그때 마침 교실 문이 열리고 명호가 들어왔다. 명호는 발표도 잘하고 공부도 열심히 해서 선생님께 늘 칭찬받는 친구다. 하지만 어쩐 일인지 성일이는 그런 명호를 눈엣가시처럼 여겼다.
함께 회장 선거에 나갔는데 명호가 회장이 되어서인 것 같았다.
"명호야, 안녕?"
"어, 안녕?"
성일이가 반갑게 인사하자, 명호도 인사했다.
"얘들아, 명호가 말이야."
"야! 오성일!"
성일이의 말에 세미가 소리를 쳤다. 하지만 성일이의 입을 막을 수는 없었다.
"기초생활수급권자래. 그러니 우리 명호를 잘 도와주자."
성일이의 말에 교실 안은 잠시 침묵이 흘렀다. 명호는 얼음이 된 것처럼 가만히 서 있었다.
"오성일, 너 정말 못됐다!"

**나잘나 박사의 한마디**

지금은 우리나라가 선진국의 반열에 올라 있지만 한국 전쟁이 끝난 후 대한민국의 경제는 매우 어려웠단다. 전쟁으로 많은 것이 폐허가 되었기 때문이었어. 그래서 가난이 특별한 것이 아니었지. 구멍 뚫린 양말이나 낡은 옷은 부끄러운 것이 아니라 검소함을 상징하는 자랑이었단다. 이처럼 가난은 생각하기에 따라 다른 것이기에 누구도 가난을 놀리거나 차별하거나 혐오하면 안 되는 것이란다.

침묵을 깬 건 세미였다. 세미의 말이 끝나자 아이들이 수군거리기 시작했다.

"기초생활수급권자가 뭐야?"

"엄청 가난한 거지, 뭐긴 뭐야."

"가난해서 나라에서 도와주는 거야."

"아, 그러고 보니 명호는 늘 똑같은 옷만 입더라."

"그러네. 그래서 냄새도 나는 것 같아."

"부모님도 안 계시고 그런 건가?"

"명호가 고아란 말이야?"

아이들은 사정도 알지 못하면서 제멋대로 떠들기 시작했다.

아이들의 말을 듣고 가만히 서 있던 명호는 귀까지 새빨개진 모습으로 교실을 나가 버렸다. 그러고는 사흘이나 결석을 했다.

"명호가 많이 아픈가 보다. 오늘도 결석이네."

교실에서 일어난 일에 대해 모르는 선생님은 명호가 아파서 결석한다고만 생각했다. 세미는 며칠 동안 고민한 끝에 선생님께 교실에서 일어난 일을 말해야겠다고 결심했다.

## 4 그래도 되는 사람은 없어

 세미가 의도한 건 아니었지만 성일이는 명호 일로 담임 선생님에게 크게 야단을 맞았다. 세미도 재원이도 반 아이들도 선생님이 그렇게 화가 난 모습은 처음 보았다. 어찌나 무서운지 온몸이 덜덜 떨릴 정도였다. 그런데 다음 날 아침, 성일이 부모님이 학교로 오셨다. 성일이가 절대 학교에 가지 않겠다고 했다는 것이다.
 "선생님께 혼나서 아이가 학교에 가지 않겠다고 해서요. 대체 어떤 큰 잘못을 했길래 아이가 학교에 가지 않겠다는 말이 나올 정도로 혼을 내신 건가요?"
 성일이네 부모님은 몹시 화가 난 것 같았다.
 "상담실에 가서 이야기 나누시지요."
 선생님이 차분한 표정으로 성일이 부모님과 상담실로 가자, 아이들은 삼삼오오 모여 이야기를 나누기 시작했다.

"대박, 큰일 나는 줄 알았어."
"우리 선생님 괜찮으실까?"
"성일이네 부모님 화가 많이 난 것 같던데, 별일 없을까?"
"오성일이 문제 아니야? 오성일이 아이들을 괴롭힌 거잖아."
"맞아. 오성일이 미주도 놀리고, 명호도 놀리고."
 걱정하는 아이들, 성일이를 탓하는 아이들, 이러쿵저러쿵 끝없이 이야기가 쏟아져 나왔다.

"선생님이다!"

복도 창문으로 선생님의 모습이 보이자 시끄럽게 떠들던 아이들이 모두 입을 다물었다.

"명호야, 선생님 잠깐만 보자."

선생님은 아이들에게 조용히 자습하라고 시키고는 명호를 상담실로 데리고 갔다.

"뭐야, 왜 명호는 데려가는 거야?"

"설마 명호를 혼내려고?"

궁금증이 커진 아이들은 또다시 와글와글 떠들기 시작했다.

잠시 후 얼굴이 좀 상기된 명호와 담임 선생님이 교실로 돌아왔다. 상담실에서 어떤 일이 일어났는지 세미도 재원이도 반 아이들도 무척 궁금했지만, 누구 하나 먼저 묻지 못했다. 무거운 분위기 속에 1교시가 끝나고 쉬는 시간이 되자 아이들이 우르르 명호 곁으로 몰려갔다.

"명호야, 상담실에서 무슨 일 있었어?"

"성일이가 너 때문이라고 했대?"

"아니야. 성일이 부모님이 사과하셨어. 성일이랑 잘 지내라고 하셨고."

명호는 더 이야기하고 싶지 않은지 화장실로 가 버렸다.

"뭐야, 어떻게 잘 지낼 수가 있어?"

"사과만 하면 다야? 명호가 얼마나 속상했는데."

"미주한테는 왜 사과 안 하는 거야?"

세미가 씩씩거렸다. 세미의 말에 몇몇 아이들도 맞장구를 쳤다. 뭔가 명쾌하지 않았다. 성일이가 직접 한 사과도 아니고. 그래서일까? 다음 날 성일이가 학교에 나왔지만 아무도 반가워하지 않았다.

세미와 재원이야 원래 성일이와 친하지 않았으니 원래 하던 대로 데면데면하게 지냈다. 그런데 성일이와 친하던 아이들까지 성일이를 멀리하기 시작했다. 더구나 다른 반 아이들에게까지 성일이가 친구를 괴롭히고 놀리는 나쁜 아이라고 소문이 났다. 그래서 성일이가 복도를 지나다니면 아이들이 수군거렸다.

결국, 얼마 안 가 성일이는 이동 수업도 혼자 다녀야 했다. 교실 안에서는 아무도 성일이에게 말을 걸지 않았다.
 "얘들아, 수학 숙제가 뭐였지?"
 성일이가 말을 걸어도 아무도 대답하지 않았다. 그런 아이들을 보고 성일이는 시무룩한 표정을 지었다.
 "다 자기가 자초한 거야."
 세미는 그 모습을 보고 미주에게 속닥거렸다. 미주는 세미의 말에 가만히 고개를 끄덕였다.

 체험학습 날이 다가왔다. 1학기 체험학습은 아이들이 제일 가고 싶어하는 노리랜드로 정해졌다. 노리랜드에는 재미있는 놀이기구가 가득하다. 거기다 미니 동물원도 있다. 반 아이들은 벌써 노리랜드 지도까지 인쇄해 와서 가서 탈 놀이기구 순서를 정하느라 분주했다.
 "뭐부터 타지?"
 "롤러코스터는 꼭 타야 해."
 "으, 그거 무섭지 않아?"
 "마귀의 집도 가자."
 "익사이팅을 타야지. 그게 최고래!"
 "우리 같이 다니자."
 "명호야, 너도 우리랑 같이 다닐래?"
 아이들은 삼삼오오 모여 함께 놀이기구를 탈 친구들을 정했다.

그런데 반 아이 중 아무도 성일이에게는 함께 놀이기구를 타자는 말도, 점심을 같이 먹자는 말도 하지 않았다.

놀이기구를 고르고, 신나서 체험학습에서 뭐 하며 놀지를 이야기하다가도 성일이가 곁으로 다가오면 바로 입을 다물어 버리는 아이들까지 있었다. 3학년 때부터 친하게 지내던 윤수, 장훈이, 도한이도 마찬가지였다.

결국, 체험학습 날 성일이는 노리랜드로 가는 버스에 혼자 앉았다. 남자 친구들이 13명이다 보니 짝이 맞지 않기도 했다. 짝꿍도 없이 버스에 혼자 앉은 성일이는 노리랜드로 가는 내내 눈을 감고 있었다.

"뭐야, 오성일 자는 거야?"

세미가 미주에게 귓속말을 하자 미주는 어깨를 으쓱해 보였다. 노리랜드에 도착한 아이들은 단체로 먼저 미니 동물원과 식물원을 구경했다.

"자, 이제부터 한 시간 동안 점심 식사 시간을 가질게요. 우리 반 친구들은 이곳에서 함께 맛있게 점심을 먹도록 할게요."

반 아이들은 선생님이 지정한 자리에 자리를 잡고 앉았다. 그리고는 가방에서 각자 싸 온 도시락과 음료수 등을 꺼냈다. 세미와 재원이도 차분해 여사가 싸 준 김밥을 꺼냈다.

"우와, 진짜 맛있다."

차분해 여사가 새벽부터 일어나 만든 김밥은 정말 꿀맛이었다.

"세미야, 재원아. 우리 엄마가 싸 준 것도 먹어 봐."

미주가 싸 온 유부초밥도 정말 맛있었다. 김밥에 유부초밥에 과일까지 배불리 먹고 나니, 드디어 아이들이 기다리던 놀이기구 타는 시간이 되었다.

"자, 이제부터는 각자 놀이기구 타는 시간이에요. 선생님이 나누어 준 팔찌를 차고 타고 싶은 놀이기구로 가서 줄을 선 다음에 서로 밀거나 하지 말고 안전 수칙을 잘 지키면서 타야 해요. 선생님이 돌아다니면서 확인할 테니까 모두 즐거운 시간을 보내도록 하세요."

아이들은 환호성을 지르며 삼삼오오 짝을 지어 흩어졌다. 하지만 성일이는 혼자였다. 성일이는 함께 놀이기구를 타자는 친구가 아무도 없어 혼자 놀이기구 앞을 서성거리기만 했다. 바이킹을 타고 신나게 소리를 지르며 걸어 나오던 세미와 미주 그리고 재원이는 벤치에 혼자 앉아 훌쩍거리며 우는 성일이를 보았다.

"뭐야, 쟤 우는 거야?"

"놀이기구를 같이 탈 사람이 없어서 혼자 돌아다니더니…. 속상하고 마음이 많이 아팠나 봐."

미주는 자신을 그렇게 놀리던 성일이었는데도 혼자 울고 있는 모습이 안쓰러운 모양이었다.

"미주야, 너는 너무 착해서 문제야. 쟤가 너한테 얼마나 못되게 굴었는지 까먹었어?"

세미 말에 재원이도 맞장구를 쳤다.

"맞아. 저건 성일이가 자초한 거야."

### 차분해 여사의 한마디

누군가의 사소한 태도나 말에 '싫다'는 감정이 생기면, 나빴던 감정이 그 상대에 대한 혐오로 발전할 수 있어. 혐오가 시작되면 같이 어울리고 싶지 않아서 배제하는 현상이 나타나지. 그렇게 반복되면 왕따가 되는 거란다. 그러니 혐오감을 가지고 누군가를 따돌리는 건 옳지 않은 행동이야.

세미와 재원이는 미주와 달리 성일이를 안쓰러워하지 않았다.

집으로 돌아가는 버스 안에서, 노리랜드에서 신나게 놀고 난 아이들은 모두 즐거운 표정이었지만 성일이는 세상을 다 잃은 표정으로 앉아 있었다.

"세미야! 재원아!"

버스가 학교에 도착하자 학교 운동장에는 많은 엄마가 나와 아이들을 기다리고 있었다. 그리고 그 속에 놀랍게도 차분해 여사가 있었다.

"우와, 엄마다! 진짜 감동이야!"

"엄마, 퇴근 시간 아니잖아? 어떻게 왔어?"

세미와 재원이는 신나서 팔짝팔짝 뛰었다.

"엄마가 오늘 출장이 있었어. 일찍 끝나서 오랜만에 너희들 데리러 왔지. 재미있게 놀았어?"

세미와 재원이는 노리랜드에서 있었던 일을 이야기하느라 정신이 없었다.

"어머, 쟤는 왜 엄마를 보자마자 울지?"

차분해 여사가 가리킨 곳에는 성일이와 성일이 엄마가 있었다.

"엄마, 쟤가 미주한테 돼지병 걸렸다고 하고 나한테 돼지병 옮는다고 놀린 그 애야. 명호가 기초생활수급권자라고 놀린 것도 쟤고. 그래서 반 아이들이 이제 쟤한테 말도 안 걸어. 오늘 노리랜드에서도 종일 혼자 다녔어. 혼자라 놀이기구도 제대로 못 타더니 엄마 보니까 눈물이 나나 보네."

"쌤통이지 뭐야. 자기가 뭐라도 되는 것처럼 친구들 놀리고 괴롭히더니 아주 잘됐어."

세미와 재원이는 성일이를 보면서 떠들어댔다.

"세미야, 재원아! 쌤통이라니. 그건 아니야."

차분해 여사의 말에 세미와 재원이가 놀란 표정을 지었다.

"쟤가 다른 친구들한테 잘못한 게 많잖아. 그러니까 벌 받는 건 당연한 거 아니야?"

"엄마, 누나 말이 맞아. 쟤는 그래도 돼."

세미와 재원이의 말에 차분해 여사가 고개를 저었다.

"세상에 그래도 되는 사람은 없어. 잘못하면 그 사람은 무조건 모두에게 비난받고 혐오의 대상이 돼야 하는 거야?"

차분해 여사의 말에 세미와 재원이 모두 고개를 갸웃거렸다.

"잘못하면 그래도 되는 거 아니야?"

"죄는 미워해도 사람은 미워하지 말라는 말도 있잖아. 사람은 누구든 존중받을 권리가 있어. 그 사람이 만약 죄를 지었다면 그 죄에 대한 죗값으로 벌을 받으면 되는 거야. 하지만 다른 사람들이 자신들의 기준으로 그 사람을 심판해서 혐오하고 비난하고 차별할 권리는 없어."

차분해 여사의 말에 세미와 재원이는 당황스러웠다.

"만약 사람들이 모두 너희와 같은 생각을 가진다면 누구라도 혐오의 대상이 될 수 있어. 쉽게 누군가를 비난하고 혐오감을 드러내는 건 매우 위험해. 만약 어떤 사람이 잘못된 행동을 했다면 그 행동에 대해 잘못을 가려야지 그 사람 자체를 혐오하거나 비난하는 것은 옳지 못해."

"어렵다."

세미의 말에 재원이도 고개를 끄덕였다.

"누군가를 향해 올바른 시각을 갖는 게 쉬운 일은 아니야. 하지만 균형 잡힌 시각을 가지려고 노력하면 가능하단다. 누군가를 함부로 깔보거나 무시하지 않겠다는 생각만 가져도 다른 사람을 쉽게 비난하거나 혐오하지 않을 수 있어."

차분해 여사는 세미와 재원이의 머리를 쓰다듬으며 말했다.

"엄마는 세미랑 재원이가 내일 성일이에게 먼저 인사해 주는 친구가 되었으면 좋겠어."

"어? 그건 좀…."

차분해 여사의 말에 세미는 못마땅한 표정을 지었다.

"세미야, 엄마가 너희들이 잘못하거나 실수했을 때 어떻게 했는지 잘 생각해 보렴. 엄마가 화만 내고 실수를 용서하지 않으면 어떨까?"

차분해 여사의 말에 세미와 재원이는 성일이를 떠올리며 생각에 잠겼다.

## 5 기다리던 손님

"세미야, 무슨 좋은 일 있어?"
미주의 말에 세미는 격하게 고개를 끄덕였다.
"응, 오늘 우리 집에 아주 멋진 손님이 와."
"멋진 손님? 대체 어떤 손님인데?"
미주가 눈을 동그랗게 떴다.
"외국에서 오는데, 아주 유명한 박사님이래. 아빠가 그분 덕분에 상을 받았대."
"정말! 너희 아빠보다 더 유명한 박사님이라는 거야?"
 세미와 미주의 말에 반 아이들도 모두 관심을 보였다. 물론 성일이도 마찬가지였다. 체험학습을 다녀온 뒤 성일이는 선생님과 상담을 했다. 그리고 세미와 재원이는 당장이라도 울 것 같은 표정으로 상담실을 나온 성일이에게 먼저 인사를 건넸다. 그저 인사를 건넸을

뿐인데 마법 같은 일이 일어났다. 그 이후로 성일이는 미주를 놀리지도 않고, 또 명호에게도 진심으로 사과했기 때문이다.
"어, 아주 훌륭한 분이래."
재원이도 잔뜩 기대에 찬 표정으로 말했다.

얼마 전 나잘나 박사가 가족들을 모아 놓고 말했다.

"일주일 후에 우리 집에 아주 멋진 분이 오실 거야."

"멋진 분?"

"응. 아빠는 지금껏 살면서 그렇게 똑똑하고 훌륭하고 멋진 분은 본 적이 없어. 그리고 아빠는 그분에게 갚아야 할 게 있어. 그분 덕분에 상을 받은 거나 마찬가지거든."

나잘나 박사는 감동에 젖은 표정으로 거실 탁자 위에 놓인 트로피와 상패를 보았다. 나잘나 박사는 지난겨울 미국에서 논문을 발표하고 상을 받았다. 이 상을 받는 것 때문에 평소답지 않게 차분해 여사도 얼마나 흥분했는지 모른다.

"그분이 한국에 온다고 해서 우리 집에 초대했단다. 우리 집에서 3박 4일 정도 머무실 거야. 금요일과 토요일에는 아빠랑 세미나에 다녀올 거고 일요일에는 관광을 할 거야. 그분이 한국에 대해 좋은 이미지를 가질 수 있도록 세미랑 재원이가 잘할 수 있지?"

"네!"

아빠의 부탁에 세미와 재원이는 집이 떠나가라 소리를 쳤다. 세미와 재원이는 나잘나 박사를 도와 집 청소부터 했다. 각자의 방은 물론이고, 손님방도 깨끗이 치웠다. 그러고는 세미와 재원이는 함께 손님을 대접하기 위한 식단도 짜고 관광지도 알아보았다.

세미와 재원이는 집에 올 손님이 어떤 분일지 무척 궁금했다. 나잘나 박사에게 어떤 분이냐고 물어도 직접 만나 보면 알게 될 거라고만 이야기해, 오늘을 얼마나 기다렸는지 모른다.

학원 수업이 끝난 세미와 재원이는 후다닥 집으로 돌아왔다. 사실 세미와 재원이는 오늘 하루가 어떻게 갔는지도 모를 지경이었다. 학교에서도 학원에서도 온종일 어떤 손님일지 생각에 빠져 있었기 때문이다.

"우와, 맛있는 냄새."

현관문을 열자 고소하면서도 짭조름한 냄새가 집 안을 가득 채우고 있었다.

"와! 불고기랑 잡채다."

"이야, 호박전도 있네."

차분해 여사가 오랜만에 솜씨를 발휘해 만들어 놓은 음식을 본 세미와 재원이의 눈이 휘둥그레졌다. 명절에나 맛볼 수 있었던 음식들이 잔뜩 있었기 때문이다.

"얘들아, 얼른 손 씻고 나와."

"네!"

세미와 재원이는 손도 씻고, 얼굴까지 깨끗이 씻고는 옷까지 갈아입었다. 손님에게 잘 보이고 싶었기 때문이다.

"우와! 정말 맛있겠다."

식탁에 차려진 음식들은 정말 먹음직스러워 보였다. 세미와 재원이는 군침을 꼴깍꼴깍 삼키며 손님이 오기를 기다렸다.

딩동!

시계가 7시를 가리키자 드디어 기다리고 기다리던 손님이 오셨다.

차분해 여사가 문을 열자 손님의 모습이 보였다. 그런데 손님을 본 세미와 재원이는 인사하는 것도 잊어버리고 멍한 표정으로 바라만 보았다.

"애들아, 올리비아 박사님이야. 인사해야지."

나잘나 박사의 말에도 세미와 재원이는 정신을 차리지 못하고 놀란 눈으로 입을 벌린 채 손님을 바라만 보았다. 손님이 새까만 피부를 가진 할머니였기 때문이다. 더구나 휠체어에 앉아 있었다.

"세미야, 재원아. 뭐 해, 얼른 인사해야지?"

차분해 여사가 세미와 재원이의 어깨를 감싸며 말했다. 그제야 정신을 차린 세미와 재원이는 허둥지둥 인사를 했다.

"아, 안녕하세요?"

"안녕하, 아, 아니다. 헬로우, 나이스 투 미튜."

세미와 재원이는 인사를 영어로 해야 할지 한국말로 해야 할지도 모르고, 시선을 어디에 둬야 할지도 몰라 허둥거렸다.

"안녕, 친구들. 만나서 반가워요. 난 올리비아예요. 편하게 올리비아 할머니라고 불러요."

올리비아 할머니는 느리지만 분명한 한국말로 말했다. 세미와 재원이는 생각지도 못한 한국말에 화들짝 놀라고 말았다.

"이런 우리 친구들이 내 모습을 보고 놀랐군요. 괜찮아요. 놀랄 수 있어요. 내가 좀 많이 튀죠?"

"네? 아, 아니요. 하, 하나도 놀라지 않았어요."

괜찮다고 하는 말과 달리 세미와 재원이의 얼굴에는 놀란 표정이 역력했다.

**차분해 여사의 한마디**

입장과 생각의 차이에 따라 누구라도 혐오의 대상이 될 수 있어. 역사적으로도 차별 때문에 많은 일이 있었단다. 나와 다른 시각이나 입장을 가진 사람을 이해하려는 마음을 갖지 못하면 흑백 논리에 빠져 상대를 쉽게 비난하거나 혐오감을 가질 수 있기 때문이야.

올리비아 할머니는 그런 세미와 재원이를 보고 빙그레 웃었다.
"올리비아, 식탁으로 자리를 옮길까요?"
나잘나 박사의 말에 올리비아 할머니가 휠체어에서 몸을 일으켰다. 하지만 생각과 달리 몸이 뜻대로 움직이지 않는 것 같았다.
"제, 제가 도와드릴게요."
세미가 얼른 올리비아 할머니를 부축했다.
"괜찮아요. 도와주지 않아도 혼자 잘할 수 있답니다. 조금 기다려 주면 돼요."
올리비아 할머니는 천천히 아주 천천히 휠체어에서 몸을 일으켰다. 그리고 벽을 붙잡은 뒤 한 발 한 발 천천히 걸어 식탁에 앉았다. 휘청거리는 올리비아 할머니를 부축하려는 재원이에게 올리비아 할머니는 빙그레 웃으며 괜찮다고 말했다.
"휴우, 기다려 줘서 고마워요. 난 다리가 조금 불편해요. 하지만 무조건적으로 날 도와줘야겠다고 생각할 필요는 없답니다. 장애인은 불쌍히 여기며 무조건 도와줘야 하는 사람이 아니에요. 조금 다른 점이 있어서 불편하고 어려운 점이 있는 사람이랍니다. 그럴 땐 기다려 주거나 의사를 물어봐 주면 돼요."
한국어가 서툴러 느릿느릿 말하고 있지만, 올리비아 할머니가 무슨 말을 하고 싶은지 세미와 재원이는 충분히 알 것 같았다.
"아빠도 올리비아에게 많은 걸 배웠단다. 나도 처음에는 같은 팀이 된 올리비아를 무조건 도와주려고만 했어. 장애인을 바라보는 시각 중 우리가 제일 먼저 바꿔야 할 시각인 것 같더라. 무조

건 안타깝게 여기고 도와줘야 한다고 생각하는 건 옳지 않아. 물론 우리 사회가 그들이 불편함을 느끼지 않을 수 있게 많은 부분이 개선되어야 하는 것은 맞아. 휠체어가 가기 어려운 도로나 계단 이런 부분은 물론이고, 버스나 지하철 탑승 문제도 심각하지."

나잘나 박사의 말에 올리비아 할머니는 또 싱긋 웃었다.

"나 박사, 이제 이 맛있는 음식들을 맛봐도 될까? 보고만 있으려니 너무 힘들어서 말이야."

"이런. 올리비아, 얼른 식사하세요. 제가 말이 너무 길었죠?"

"응, 너무 길었어. 자, 얘들아. 할머니랑은 차차 친해지기로 하고 얼른 맛있는 음식부터 맛보자꾸나."

할머니는 웃음이 많고 매우 유쾌한 사람이었다. 세미와 재원이는 그런 할머니 덕분에 당황하고 긴장된 마음이 많이 풀어졌다. 나잘나 박사와 올리비아 할머니의 이야기를 들으며 맛있는 저녁을 먹으니 저녁 식사 시간이 너무 즐거웠다.

### 나잘나 박사의 한마디

장애인이라고 해서 무조건 안타깝다거나 불쌍하다고 여기는 건 위험한 생각이야. 비장애인이 장애인보다 더 나은 입장이라는 생각이 깔려 있기 때문이지. 이런 생각은 자칫 잘못하면 장애인에 대한 비하나 혐오감으로 이어질 수 있어. 신체 장애보다 더 무서운 것은 마음의 장애란다.

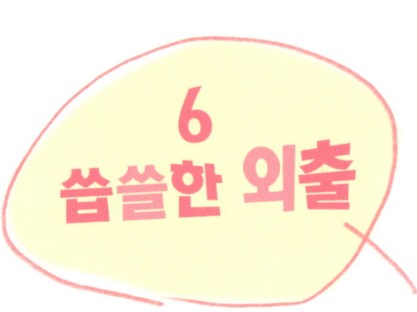

# 6 쓸쓸한 외출

올리비아 할머니는 함께 하는 시간이 늘어날수록 세미와 재원이의 마음을 사로잡았다. 언제나 유쾌하고 상냥한 올리비아 할머니는 누구라도 사랑하게 될 수밖에 없는 분이었다. 백과사전만큼이나 아는 게 많은 분이었지만 절대 먼저 나서서 아는 척을 하지 않았다. 또 나이가 어리다고 무조건 가르치려 들지도 않았다.

"오우, 드디어 세미나가 끝났네. 내일은 세미와 재원이랑 즐거운 시간을 좀 보내 볼까 하는데, 어때요?"

세미나 때문에 아침과 저녁 시간에만 함께 시간을 보낼 수 있었던 올리비아 할머니 말에 둘은 만세를 불렀다.

"어디를 가면 좋을까요? 난 한국의 전통 집을 보고 싶어요. 아파트는 외국에도 많으니까."

"한옥마을이요!"

세미와 재원이가 동시에 외쳤다.
"오케이! 우리 내일 모두 한옥마을에 갑시다!"

다음 날인 일요일 아침, 세미와 재원이네 가족은 모두 함께 한옥 마을로 나들이를 나섰다. 주차장에 차를 대고 나잘나 박사가 트렁크에서 휠체어를 꺼냈다. 차에서 조심조심 내린 올리비아 할머니가 휠체어에 앉은 후 한옥마을로 출발했다. 마침 한옥마을에 대해 해설하는 해설사가 있어 설명을 시작하려는 참이었다. 전문 해설사의 해설을 들으며 돌아보니, 그냥 무심코 구경할 때와는 매우 달랐다.

"오! 정말 멋지군요."

올리비아 할머니는 한옥마을을 둘러보며 감탄했다. 모두 다섯 채의 한옥이 있었는데 모양이 비슷비슷하면서도 조금씩 달랐다. 툇마루, 누마루, 대청마루. 마루의 종류도 다양했다. 올리비아 할머니는 해설사의 설명을 한 마디도 놓치지 않으려는 듯 아주 열심히 들었다.

"다음 가옥에서는 전통 혼례식이 열리고는 하는데, 오늘 마침 혼례식 시연이 있답니다. 함께 구경하시겠어요?"

"그럼요, 당연히 구경해야죠!"

올리비아 할머니는 아이처럼 즐거워했다. 다음 가옥으로 이동하니 많은 사람이 모여 있고, 마당에서는 텔레비전에서나 보던 전통 혼례식이 열리고 있었다.

"우와! 멋지다."

"와, 신기하다."

연지곤지를 찍은 신부와 사모관대를 입은 신랑을 보는 것이 세미도, 재원이도, 올리비아 할머니도 신기했다. 다른 사람들도 마찬가지인 것 같았다. 멋진 혼례식 시연이 끝나자 몇몇 사람들은 신랑 신부를 더 가까이서 보려고 다가갔다. 올리비아 할머니와 세미, 재원이도 마찬가지였다.

"아야, 아이씨."

그런데 혼례식 시연을 가까이서 보던 무리 중 몇 사람이 다른 곳으로 가려다 젊은 남자 한 명이 올리비아 할머니의 휠체어에 무릎을 부딪치며 넘어지고 말았다.

"아이씨, 진짜 뭐야! 재수 없게."

그 사람은 굉장히 예의 없고 무례한 사람이었다. 가만히 있는 올리비아 할머니의 휠체어에 자기 잘못으로 부딪쳐 넘어진 건데도 불구하고 화를 냈다.

"이봐요, 어른한테 그게 무슨 말이에요? 그쪽이 앞을 제대로 보지 않고 걷다가 부딪쳐서 넘어진 건데, 왜 애먼 사람에게 화를 내는 거예요?"

옆에서 지켜보던 차분해 여사가 참지 못하고 한마디 했다.

"아줌마, 지금 뭐라고 했어요?"

그런데 그 사람은 도리어 차분해 여사에게 손가락질하며 화를 냈다. 그 바람에 많은 사람이 그 사람과 올리비아 할머니를 쳐다보았다.

"흑인 할머니가 휠체어 탄 거 처음 봐."

"오 마이 갓."

올리비아 할머니를 보고 놀란 표정을 짓는 사람도 있고, 수군거리는 사람도 있었다. 수군거리는 사람들이 많아지자 그 사람은 의기양양한 표정으로 말했다.

"나이 들어 몸까지 불편하면 아프리카에나 계시지 왜 여기까지 오고 난리세요. 할머니 때문에 애먼 사람이 다쳤잖아요."

세미와 재원이는 너무 놀라 그 사람을 쳐다보았다.

"그러게 나이 들면 방구석에나 있지. 왜 불편한 몸으로 나돌아다니는 건지 모르겠어."

"왜긴 나이 들면 다 공짜니까 자꾸 나돌아다니는 거야. 지하철도 공짜, 이런 곳도 공짜잖아."

더 놀라운 건 그 사람의 일행들 입에서 나온 말들이었다.

"이봐요. 지금 그걸 말이라고 하는 겁니까? 당신들은 영원히 젊을 것 같아요? 사람이라면 누구나 나이 들고 노인이 되는 거예요."

단호한 목소리로 그 사람들을 야단친 것은 다름 아닌 나잘나 박사였다.

"당신들 집에는 할아버지, 할머니도 없어요? 어른 공경하는 것도 안 배웠냐고요?"

차분해 여사도 쏘아붙였다.

"요즘 젊은이들은 만날 영상만 봐서 그런지 기본이 안 되었다니까. 이렇게 좋은 세상에 살 수 있게 된 게 누구 덕인데. 그 전쟁통에 우리가 얼마나 고생했어."

옆에 있던 모자를 쓴 할아버지 한 분도 거들었다. 몇몇 아저씨와 아주머니도 할아버지 말에 고개를 끄덕였다.

"나 때는 어른들을 얼마나 공경했는데. 아는 어른, 모르는 어른 할 것 없이 어른들, 노인들을 우대하고 공경했는데, 세상이 너무 바뀌었어. 공짜 좋아하는 노인네 취급이나 받다니."

**차분해 여사의 한마디**

현대 사회는 점점 고령화되고 있어. 그런데 경제가 어려워지고 일자리는 줄어들다 보니 노인에 대해 혐오감을 노골적으로 드러내는 젊은이들이 늘고 있단다. 하지만 정말 중요한 것을 잊지 말아야 해. 지금의 노인들이 청장년층이었을 때, 어린이들을 부양하고 보살폈다는 것을 말이지. 물론 나이가 많다는 이유로 무리한 요구를 하는 노인들도 있지만, 일부의 행동을 노인 전체의 행동으로 생각하는 것은 옳지 않단다.

할아버지의 이어진 말에 그 사람들은 반성하기는커녕 도리어 얼굴을 찌푸리며 말했다.

"아유, 꼰대들. 야, 기분 잡쳤다. 가자."

"그러게, 이런 데 오는 거 아니라니까. 이런 데는 노인들이 많다고 내가 오지 말자고 했잖아."

"허허, 저 사람들 참. 이봐, 젊은이들! 자네들이라고 노인이 안 될 줄 아나!"

모자 쓴 할아버지가 소리쳤다. 그러나 할아버지의 호통에도, 사람들의 눈총에도 아랑곳없이 그들은 구시렁거리며 다른 곳으로 가 버렸다.

"이런, 나 때문에 좋은 분위기를 망친 건가요? 미안합니다."

올리비아 할머니가 사람들을 향해 말했다.

"아이고, 아닙니다. 외국 사람 앞에서 우리가 미안할 일이지요. 동방예의지국이라 불렸던 대한민국이 어쩌다 이렇게 됐는지 모르겠습니다."

모자를 쓴 할아버지는 올리비아 할머니에게 고개를 숙여 사과하고는 씁쓸한 표정으로 자리를 떠났다. 모여 있던 사람들도 모두 침울한 표정이었다.

"이런 이런, 세미와 재원이도 많이 놀랐지요?"

올리비아 할머니는 말 없는 세미와 재원이를 달래 주었다. 할머니의 기분이 더 속상하고 우울할 텐데도 세미와 재원이를 먼저 챙기는 것을 보니 둘은 더 속상했다.

### 나잘나 박사의 한마디

현대 사회에서는 노인들이 사회에 적응하지 못해 작은 실수 하나만 해도 강하게 혐오하고 무섭게 공격하거나 삶의 경험과 지혜로 하는 이야기들을 무조건 잔소리로 취급하지. 하지만 우리가 잊지 말아야 할 것은 시간이 지나면 모든 사람이 노인이 된다는 거야. 신체의 노화로 인해 행동의 변화가 오고 인지 능력이 조금씩 떨어지는 건 사람이라면 피해 갈 수 없는 과정이기 때문이란다.

"올리비아, 정말 미안해요."

"나 박사가 미안해할 일은 아니잖아. 괜찮아. 요즘 젊은이들 다 그래. 미국도, 내 조국 가나도 마찬가지야. 노인들을 싫어해."

올리비아의 말에 세미와 재원이는 물론이고 나잘나 박사와 차분해 여사도 놀란 표정을 지었다.

"정말 전 세계적인 문제군요."

"세상은 점점 빨리 변화하는데 노인들이 그 속도를 따라가지 못하니까 귀찮고, 미워하는 마음이 들기도 하는 거고. 노인을 위해 쓰는 돈들이 아깝기도 하고…."

나잘나 박사의 말에 올리비아 할머니가 담담하게 말하자 차분해 여사가 한숨을 내쉬었다. 그러자 세미와 재원이도 한숨을 내쉬었다.

"세미, 재원! 어린이들은 한숨이 어울리지 않아요. 크게, 밝게 웃어야지요!"

올리비아 할머니가 하얀 이를 드러내며 활짝 웃었다. 하지만 세미도, 재원이도 씁쓸한 마음이 들어 올리비아 할머니를 따라 웃지 못했다.

"시간이 지나면 누구나 노인이 된다는 사실 하나만 기억한다면 이런 일은 일어나지 않을 텐데…."

차분해 여사의 말에 모두가 고개를 끄덕였다.

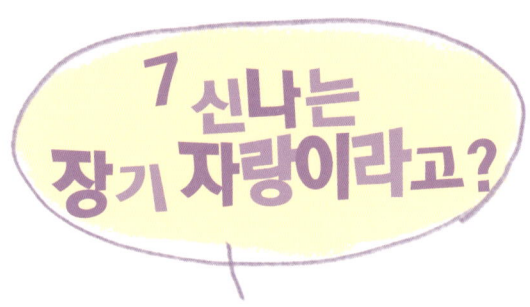

 올리비아 할머니가 미국으로 돌아가는 날 세미와 재원이는 헤어지는 것이 섭섭해서 눈물이 났다. 아주 짧은 시간이었지만 올리비아 할머니를 통해 세미와 재원이는 정말 많은 것을 느끼고 배웠기 때문이다.
 "재원아, 우리 공부 열심히 해서 아빠처럼 박사가 되어 미국에 가자. 그리고 올리비아 할머니를 만나는 거야."
 "음, 우리가 박사가 될 때까지 할머니가 살아 계실까?"
 재원이의 말에 세미도 시무룩해졌다. 올리비아 할머니의 연세가 올해 70세라고 했기 때문이다.
 "의학이 발달해서 평균 수명이 늘었잖아. 그때까지 살아 계실 거야. 그런데 이젠 그만 올리비아 할머니에게서 빠져나와서 장기 자랑 뭐 할 건지 고민해야 하지 않아?"

옆에서 세미와 재원이의 이야기를 듣고 있던 미주가 말했다.

"맞다! 장기 자랑!"

담임 선생님이 어린이날을 맞이해 장기 자랑 대회를 한다고 했다. 상으로 문화상품권을 준다는 말에 반 아이들 모두 준비에 열을 올렸다. 세미와 재원이는 어느새 사총사가 된 미주와 성일이와 함께 준비하기로 했지만 아직 무엇을 할지도 정하지 못했다.

"뭐하지? 춤?"

성일이의 말에 세미, 재원이와 미주가 동시에 얼굴을 찡그렸다.

"음, 그럼 노래 어때?"

"안 돼! 세미는 완전 음치란 말이야."

미주의 말에 재원이가 고개를 저었다.

"아, 그럼 뭘 하지?"

사총사는 동시에 한숨을 내쉬었다.

"다른 아이들은 뭘 준비하는지 살펴보고 정하면 어때?"

"오! 좋은 생각이야!"

"그래, 그게 좋겠다."

성일이의 말에 아이들 모두 손뼉을 쳤다.

"우리 점심시간에 아이들이 뭘 준비하는지 좀 알아보자."

미주의 제안에 아이들은 점심시간이 되길 기다렸다.

"쟤네는 아이돌 댄스를 하기로 했나 봐."

점심시간이 되자 아이들은 재빨리 급식을 먹고 삼삼오오 모여 장기 자랑 준비를 하고 있었다.

"쟤들은 노래 부른대."

"영찬이랑 민수, 상호는 축구공으로 묘기를 부릴 거래."

미주와 재원이는 자신이 알아 온 정보를 열심히 설명했다. 그런데 세미는 생각에 빠져 이야기를 듣는 둥 마는 둥 했다.

"세미야, 무슨 생각을 그렇게 해?"

미주가 세미의 어깨를 치자 세미는 생각 속에서 빠져나왔다.

"아무래도 이상해서."

"뭐가? 뭐가 이상한데?"

성일이가 궁금한지 재촉을 했다.

"아니, 저기 우영이랑 승민이랑 정수 말이야."

"걔들이 왜? 걔들 개그 한다던데. 왜 우리도 개그 할 거야?"

성일이도 걔들이 연습하는 것을 본 모양이었다.

"그게 아니야. 개그 내용이 좀 이상한 것 같아서."

"개그 내용이 이상하다니? 그게 무슨 소리야?"

미주의 말에 세미는 결심한 듯 말했다.

"잠깐만 다시 가서 보고 올게."

"우리도 같이 갈래."

세미가 그 아이들 쪽으로 가자 재원이와 미주, 성일이까지 우르르 따라나섰다.

"깜둥, 깜둥이! 안녕, 안녕하세요?"

"네, 네, 네!"

"깜둥, 깜둥이는 언제부터 그렇게 까맸나요?"

"네, 네, 네! 태어날 때부터 새까맸어요."
"깜깜깜 깜둥이를 아세요?"
"아! 아! 새까매!"

아이들은 춤을 추며 듣기만 해도 거북한 말들을 집어넣어 개그 연습을 하고 있었다. 미주와 성일이는 아이들이 연습하는 것을 보고 웃음을 터뜨렸다. 하지만 세미와 재원이는 웃기는커녕 얼굴이 굳어졌다.

"야, 너희들 되게 웃기다."

성일이의 말에 우영이가 신나서 대답했다.

"진짜? 우리 웃겨? 우리 좀 잘하지?"

"어, 진짜 웃겨. 진짜 개그맨 같아."

"정말? 우리 진짜 장기 자랑 하는 날은 흑인 분장도 할 거야. 대박 웃기겠지?"

성일이가 칭찬하자 정수가 신나서 말했다.

"야, 오정수 미리 말해 주면 어떡해?"

승민이가 정수를 치자 정수가 아차 하는 표정을 지었다.

"너희 그걸 꼭 해야겠어?"

세미의 말에 가시가 돋쳐 있었다.

"왜?"

승민이와 정수, 우영이는 물론이고, 성일이와 미주까지 의아한 표정을 지었다.

"깜둥이라는 말은 쓰는 거 아니야!"

"왜? 왜 쓰면 안 되는데?"

우영이가 세미를 노려보며 말했다.

"그거 흑인 비하하는 말이잖아. 그것도 몰라?"

**차분해 여사의 한마디**

친구들과 이야기할 때는 감정을 다치게 하는 장난과 혐오의 경계선을 잘 지켜야 해. 웃어넘길 수 있는 장난이 되려면 누군가를 비난하거나 깎아내리지 않아야 한단다. 신체 부위나 피부 색깔, 외모 등을 비하하거나 깎아내리는 표현으로 상처를 주면서 장난이라고 하면 안 되는 거야.

세미도 우영이를 노려보며 말했다.

"뭔 소리야. 피부색이 까매서 깜둥이라고 부르는 건데, 그게 왜 흑인 비하야?"

"야, 비하가 무슨 뜻인지도 몰라?"

갑자기 재원이가 버럭 소리를 질렀다. 그 바람에 모두 깜짝 놀라고 말았다.

"왜 사람을 혐오하는 표현을 쓰면서까지 웃기려고 해? 너희는 그게 웃겨? 웃기냐고?"

세미도 가세했다.

우영이와 승민이, 정수는 장기 자랑 연습을 하다가 갑자기 봉변을 당한 느낌이 들었다.

"아니, 그냥 웃기려고 하는 건데 왜 시비를 걸어? 그냥 장난인 거잖아."

"맞아. 웃기려고 하는 개그에 왜 그래? 너희가 흑인도 아니잖아!"

우영이와 승민이는 별일 다 본다면서 눈을 흘겼다.

"흑인이 아니면 흑인에게 혐오 표현 쓰는 것도 뭐라고 못 하냐?"

세미의 말에 정수가 소리를 질렀다.

"아니, 진짜 웃기는 애들이네. 우리는 그냥 장난처럼 개그 짠 거라고. 우리가 언제 혐오를 했다고 그래? 우리는 혐오 그런 거 안 한다고!"

"너희가 지금 하는 건 장난이 아니고 혐오라고. 만약 흑인이 너희

개그를 들으면 가슴 깊이 상처를 받는다고!"

"아니, 지금 흑인이 없잖아. 우리 반에 흑인이 있어? 애들이랑 그냥 웃으려고 개그 하는 거잖아. 왜 난리인데!"

세미의 말에 우영이와 승민이, 정수가 소리를 버럭 질렀다.

갑자기 일어난 상황에 성일이와 미주는 어떻게 해야 할지 몰라 진땀만 흘렸다.

## 8 숨은 가시 찾기

"왜 이렇게 소란스러워?"
마침 교실에 들어온 선생님이 호통을 쳤다.
"선생님, 세미랑 재원이가 저희 연습하는 데 괜히 시비 걸어요!"
우영이와 승민이가 선생님께 쪼르르 달려가 말했다.
"세미랑 재원이가 시비를 걸었다고?"
선생님은 의아한 듯 고개를 갸웃거렸다. 비록 성일이와 다툼이 있었던 세미지만 반 아이들 모두 성일이를 모른 척할 때 세미와 재원이만 성일이를 보듬었다. 그 덕분에 성일이는 아이들과 다시 잘 지낼 수 있게 되어서 안심하고 있었기 때문이다. 그런 세미와 재원이가 친구들에게 먼저 시비를 걸었다니 놀랄 수밖에 없었다.
"무슨 일인지 차분히 이야기 좀 나눠 볼까?"
선생님은 아이들을 자리에 앉히고 억울해 보이는 우영이와 승민이,

정수의 이야기를 먼저 들어 주었다.

"그랬구나. 놀라고 속상하기도 했겠네."

선생님은 우영이와 승민이, 정수의 마음을 다독여 준 후에 세미와 재원이의 이야기를 들어 주었다. 새미와 재원이는 올리비아 할머니와 있었던 이야기를 했다.

"아, 세미와 재원이에게 그런 사정이 있었구나."

선생님은 세미와 재원이의 마음도 충분히 어루만져 주었다. 그리고 이야기를 함께 들은 반 친구들에게 말했다.

"선생님은 우리 반 친구들과 즐겁고 행복한 시간을 보내려고 장기 자랑 준비를 하자고 했던 거야. 그런데 연습하는 과정에서 이렇게 불협화음이 있을 줄은 몰랐네. 그런데 친구들의 이야기를 들어 보니 우영이와 승민이, 정수도 속상할 것 같고, 세미와 재원이도 속상할 것 같아."

선생님은 잠시 말을 멈추고서 슬쩍 보니 세미와 재원이의 표정에 불만이 가득해 보였다.

"음, 물론 단순한 개그라고 해도 우영이와 승민이, 정수가 흑인을 비하하는 표현을 쓰는 건 옳지 않아."

선생님의 말씀에 아이들이 고개를 숙였다.

"의도가 없었다고 해도 어떤 말들은 듣는 사람에게 상처를 줄 수 있어. 그 말 속에 담긴 차별과 폭력, 혐오감이라는 가시 때문이란다."

아이들은 말 속에 가시가 있다는 선생님의 말이 이해가 되지 않는지 고개를 갸웃거렸다.

"어떤 말은 누군가에게 희망을 주고 행복을 주는 말이 되기도 하지만, 또 어떤 말은 날카로운 칼이 되기도 해. 또 무심코 쓴 어떤 말은 가시를 숨기고 있어서 그 말을 들은 상대의 마음에 깊숙하게 박혀 괴롭게 한단다."

"선생님, 욕 같은 걸 말하는 거예요?"

재원이의 질문에 선생님은 가볍게 고개를 저었다.

"욕은 상대를 깔보면서 모욕감을 주려고 작정했기 때문에 대놓고 거칠고 나쁜 말들이 많아. 그런데 어떤 말은 욕인지 아닌지 헷갈리기도 하고, 또 그저 장난으로 하는 말인 것 같아서 화를 내기는 어렵지만 분명 기분 나쁘고, 상처받게 하는 말들이 있어. 물론 표현의 자유를 침해한다고 화를 내는 사람도 있지."

선생님 말에 아이들은 고개를 끄덕였다.

"말이란 게 참 어렵네요."

우영이의 말에 선생님이 살짝 미소를 지었다.

"맞아. 말은 참 어려워. 어떤 말은 겉보기엔 장난 같아 보이지만 그 내면에 상대에 대한 비하나 혐오를 숨기고 있기도 하거든. 또 어떤 말은 굉장히 차별적이고 폭력적이기도 하지."

선생님은 칠판에 '가시 찾기'라고 크게 썼다.

"너희가 생활 속에서 무심코 쓰는 말 속에 가시가 너무 많은 것 같구나. 아마 쓰면서도 가시인지 모르기 때문일 거야. 하지만 모르고 쓴 말이라도 그 말을 듣는 사람은 그 말 속에 든 가시 때문에 상처를 받을 거야. 그래서 오늘 선생님하고 보물찾기 대신 가시 찾기를 해 보면 어떨까 해."

"가시 찾기요?"

"그게 뭔데요?"

"보물찾기처럼 상품도 주실 거예요?"

'가시 찾기'라는 게 신기한지 아이들은 재잘재잘 떠들었다.

"좋아. 가시를 잘 찾는 사람에게는 선생님이 달콤한 사탕을 주도록 할게. 사탕을 먹고 사탕처럼 달콤한 말만 하라고 말이야."

선생님 말에 아이들이 웃음을 터뜨렸다.

"마침 5교시가 국어 시간이니까, 우리가 무심코 쓰는 말 속에 숨겨진 가시를 찾아보자. 누가 먼저 찾아볼까?"

선생님의 말이 끝나자 아이들은 골똘히 생각에 잠겼다.

"깜둥이요! 흑인을 비하하고 혐오하는 말이잖아요."

세미가 손을 들고 말했다.

"맞아. 피부색이 검다는 이유만으로 사람을 비하하거나 비난해서는 안 돼. 깜둥이라는 말 속에는 흑인을 비하하고 혐오하는 가시가 들어 있어."

선생님은 칠판에 '깜둥이'라는 단어를 썼다. 그리고 동남아, 짱깨라는 단어도 썼다.

"이렇게 다른 나라 사람에 대한 혐오감을 드러내는 표현들이 많아. 대체로 우리보다 가난하거나 문화가 뒤처졌다고 생각하는 나라에 대해 혐오감을 드러내는 것 같아. 우리가 생각 없이 쓰는 말 속에 담겨 있는 가시의 의미에 대해서 너희들도 한번 생각해 보면 좋겠어."

"어떤 말에는 외모에 대한 혐오가 담겨 있는 것 같아요."

세미의 말에 선생님이 고개를 끄덕였다.

"그렇지. 그런 표현에는 어떤 말들이 있을까?"

"뚱땡이요!"

미주는 말하면서도 부끄러운지 얼굴이 빨개졌다.

"맞아. 뚱땡이, 돼지, 뚱보 등등의 표현도 살찐 사람을 비하하고 혐오하는 표현이야. 이런 말을 들으면 그 말이 가진 가시에 찔려 듣는 사람은 마음에 상처를 입게 돼."

선생님 말에 아이들 모두 고개를 끄덕였다.

"땅딸보, 난쟁이 똥자루도 그런 말 같아요."

"말라깽이요."

"주근깨도 있어요."

"코주부, 주걱턱도요."

아이들은 다른 아이들의 발표를 들으며, 웃음을 터뜨리기도 하고 생각에 잠기기도 했다.

"어때, 생각보다 누군가의 외모를 비하하는 가시가 많지?"

선생님 말에 아이들 모두 고개를 끄덕였다.

"우린 모두 다르게 생겼고, 그게 당연한 건데 너무 쉽게 다른 사람의 외모를 비하하거나 혐오감을 드러내는 표현을 많이 쓰고 있지. 우리 앞으로는 그러지 않도록 노력하자."

"네!"

"선생님, 잼민이요! 우리 같은 어린이들을 비하하는 표현이래요."

"맞아! 어떤 세대나 계층을 비하하거나 혐오하는 표현도 많아."

우영이의 말에 선생님이 공감했다.

"급식충? 맘충!"

아이들이 또 재빨리 찾아냈다.

"선생님, 여자들을 비하하거나 혐오하는 표현도 있어요."

"김치녀!"

서연이의 말에 정수가 말했다.

"반대로 남자를 비하하거나 혐오하는 표현도 있어."

선생님은 칠판에 '한남'이라고 썼다.

"생각보다 혐오의 표현이 너무 많지?"

"네!"

아이들이 큰 소리로 대답했다.

"왜 이럴까?"

선생님의 질문에 아이들은 쉽게 대답하지 못했다.

"서로의 차이를 인정하고 존중해 주면, 어떤 세대나 특정 성별을 비하하거나 혐오하는 표현을 쓰지 않을 수 있어. 우리가 살아가는 사회를 건강하고 행복하게 만들려면 다 함께 노력해야 해. 각자의 위치에서 서로를 존중하면서 차이를 인정하는 거지. 그리고 부족한 점은 서로 보듬어야 해. 누구나 어린이였고, 또 누구나 노인이 된다는 사실을 잊지 않으면 된단다."

세미는 올리비아 할머니한테 함부로 하던 사람들이 떠올랐다. 선생님 말이 맞다. 누구나 어린이였고, 시간이 지나면 누구나 노인이 된다.

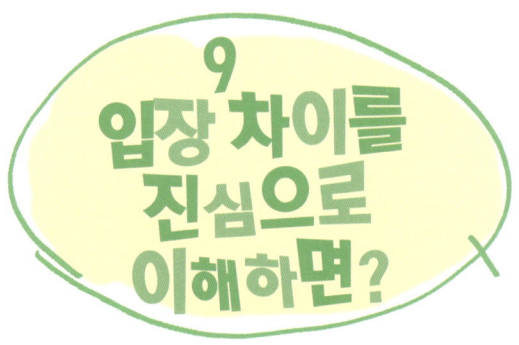

## 9 입장 차이를 진심으로 이해하면?

 세미와 재원이 학교의 재량휴업일과 차분해 여사 학교의 재량휴업일은 늘 어긋났다. 그러다 보니 평일에 놀이동산에 가는 게 쉽지 않은 일이었다. 그런데 올해는 웬일로 재량휴업일이 같은 날이었다. 그래서 오늘! 세미와 재원이의 소원이었던 평일에 놀이동산을 가기로 했다.
 차 안에서 쌍둥이는 어떤 놀이기구를 제일 먼저 탈지 정하느라 정신이 없었다. 차분해 여사는 놀이기구를 타는 것을 좋아하지 않지만, 나잘난 박사와 아이들이 즐거워하니 덩달아 즐거워졌다.
 "노리랜드에 다녀온 지 얼마 되지도 않았는데, 놀이기구 타는 게 그렇게 좋아?"
 "그럼요. 우리 가족이 다 함께 오는 건 최고죠!"
 세미와 재원이는 엄마에게 엄지척과 하트를 마구 날렸다.

드디어 놀이동산에 도착했다.

"생각보다 사람이 많네."

"그러게 난 한 명도 없을 줄 알았는데."

평일이지만 세미와 재원이 생각했던 것보다 사람이 많았다.

"놀이동산을 전세 낸 것도 아닌데 그럴 리는 없지. 평일에는 모든 사람이 일하는 것 같지만 평일에 쉬고 주말에 일하는 사람들도 많거든. 그리고 휴가를 냈을 수도 있고. 사람이 살아가는 모습은 정말 다양하잖아."

차분해 여사의 말에 세미와 재원이는 고개를 끄덕였다.

"자, 그럼 뭐부터 탈래?"

"롤러코스터!"

차분해 여사의 말에 나잘나 박사와 세미, 재원이가 한마음이 되어 대답했다.

"그럼 엄마는 롤러코스터 근처에서 기다리고 있을게."

차분해 여사는 근처 한적한 카페에 자리를 잡았고, 나잘나 박사와 아이들은 롤러코스터를 시작으로 놀이기구를 타러 갔다. 차분해 여사는 카페에 자리를 잡고 앉아 모처럼 여유롭게 커피를 마시며 책을 읽었다.

"엄마, 배고파!"

"엄마, 불고기피자 먹자!"

어느새 점심시간이 되었는지, 그 사이 놀이기구를 4개나 탄 아이들이 배가 고프다며 카페를 찾아왔다.

세미네 가족은 놀이동산 안에 있는 식당에서 맛있게 점심을 먹었다. 점심을 먹은 후에는 다함께 미니 박물관을 관람했다. 그러고 나서 나잘나 박사와 세미, 재원이는 아직 타야 할 놀이기구가 많다며 서둘러 자리를 떠났다. 차분해 여사는 한참을 기다려야 한다는 생각에 다시 카페를 찾았다. 자리를 잡고 얼마쯤 시간이 지났을까? 수군거리는 주변 소음에 책을 읽다 말고 고개를 들었다. 그런데 소음은 옆 테이블에 앉은 연인들이 떠드는 소리였다. 더구나 그 내용이 차분해 여사를 흉보는 것이었다.

"뭐야, 저 아줌마. 아까는 저쪽 카페에 앉아 있더니 지금 또 카페에 앉아 있네."

연인 중 여자가 먼저 차분해 여사를 알아본 모양이었다.

"정말? 혼자 온 건 아닐 텐데, 애들은 어쩌고 자기 혼자 계속 이 카페 저 카페 다니는 거야?"

여자의 말에 남자가 말했다.

"애들만 놀라고 내버려 두고 뭐 하는 거지? 놀이동산에 책 읽으러 온 모양이네."

여자는 차분해 여사를 이해할 수 없다는 듯이 말했다.

"자기야, 저런 아줌마가 맘충인 거야. 놀이동산까지 와서 애들은 자기들끼리 놀라고 내팽개치고, 무슨 사고라도 나면 어쩌려고 혼자 우아한 척 커피나 마시는…. 저런 맘충들이 문제야, 문제!"

여자의 말을 듣더니 남자가 문제의 답을 알려 주듯 확신에 찬 목소리로 대답했다.

"허, 참."

차분해 여사는 자신도 모르게 헛웃음이 나왔다. 누구보다 열심히 일하고 또 누구보다 쌍둥이 육아에 진심인 차분해 여사다. 그런 차분해 여사가 모처럼 가족들과 쉬는 날 놀이동산에 왔다가 맘충 소리를 들으니 황당했다. 너무 기분이 상한 차분해 여사는 연인들을 향해 한마디 하려다 꾹 참았다.

얼마나 시간이 지났을까, 연인들은 자리에서 일어나며 차분해 여사를 또다시 흘낏거리며 카페를 나갔다. 그 모습에 어이가 없던 차분해 여사가 중얼거렸다.

"발끈해서 한마디 했다가 괜히 기분만 더 상할 테니 내가 참는다. 참는 사람이 이기는 거야."

"응? 무슨 소리야?"

때마침 카페에 들른 나잘나 박사와 아이들이 물었다.

"나보고 어떤 연인이 맘충이라지 뭐니."

차분해 여사가 카페에서 있었던 일을 이야기하자 세미가 버럭 소리를 질렀다.

"말도 안 돼! 맘충이라니, 왜 그런 나쁜 표현을 쓰는 거야!"

"제대로 알지도 못하면서 왜 그러는 거야!"

재원이는 화가 나서 발까지 동동 굴렀다.

"자기도 나중에 엄마가 될 수도 있는데, 그런 말을 왜 해?"

"맞아."

세미의 말에 재원이가 격하게 고개를 끄덕였다.

"워워. 애들아, 너희를 화나게 하려고 말한 건 아닌데, 엄마가 미안하네. 조금만 진정하자. 너희 지난번에 반에서 선생님하고 가시찾기 했다고 했지?"

"응."

재원이가 흥분을 가라앉히고 대답했다.

"사람들이 무심코 하는 말 속에는 이렇게 가시가 많이 숨어 있는 거야. 서로에 대해 잘 모르면서 그저 눈앞에 보이는 단순한 모습 하나로 판단하는 거지."

차분해 여사가 덧붙였다.

"선생님이 특정한 세대나 계층을 향해 혐오 표현을 하는 건 상대의 입장을 이해하지 못하고 존중하지 못해서라고 했어."

"세미 말이 맞아. 우리는 다른 세대나 계층에 대한 이해가 많이 부족해. 나…."

나잘나 박사가 잠깐 숨을 고르고는 말을 덧붙이려는 순간 세미와 재원이도 동시에 입을 모아 말했다.

"나 때는 말이야!"

쌍둥이와 차분해 여사는 웃음을 터뜨렸다. 나잘나 박사가 멋쩍게 웃고는 말을 이었다.

"사회가 변했고, 살아가는 모습이 변했어. 그러니까 당연히 내가 그 세대였을 때와 지금의 세대는 분명 차이가 있겠지. 그런데 그런 부분을 많은 사람이 이해하지 못하는 것 같아. 그러다 보니 공감도 못 하고."

나잘나 박사의 말에 세미와 재원이가 고개를 끄덕였다. 아빠와 엄마가 초등학교에 다니던 시절과 지금은 엄청 다르다. 학교를 부르는 말부터가 바뀌었다. 그때는 초등학교가 아니라 국민학교였으니 말이다.

"서로의 입장과 차이점을 조금 더 열린 마음으로 이해하려고 생각한다면 비난하거나 혐오하는 마음이 멈춰질 수 있을 거야. 사실 우리는 서로를 미워하며 싸워 이겨야 하는 적이 아니라 함께 이 시대를 살아가는 동료이거나 친구이거나 가족이잖아."

차분해 여사의 말에 세미가 고개를 끄덕이며 말했다.

"맞아. 성일이와 미주 일도 그랬어. 서로의 입장에 대한 이해가 부족했기 때문에 쉽게 말했던 것 같아."

"올리비아 할머니 일도 그래. 왜 상대의 입장을 생각해 보려고 하지 않을까?"

재원이가 아쉽다는 표정으로 말했다.

"지금 당장 자신의 위치와 입장만 생각하기 때문이겠지. 내가 지나온 세대이기도 하고, 또 나에게 다가올 세대라는 생각을 하지 못해서야."

"엄마 말이 맞아. 지금 당장만 생각해서 그런 거지. 그런데 조금만 더 넓게 생각해 보면, 같은 시대를 살아가는 데 다르다는 건 큰 장점이 될 수도 있단다."

"장점? 무슨 장점?"

나잘난 박사의 말에 재원이가 고개를 갸웃거렸다.

"서로 다르니까 도움이 된다는 걸까?"

세미의 말에 나잘난 박사가 빙그레 웃으며 말했다.

"맞아. 지난번 연구할 때 보니 여러 세대가 모여 함께 의견을 모으니까 더 좋은 결과가 나왔어. 세대가 달라서 이뤄 낼 수 있는 결과였지. 요즘 서로 조금 다르다고 이해하지 못하고 적대감 먼저 드러내는 게 안타깝구나. 우리는 그러지 말자."

"네!"

"네!"

세미와 재원이가 놀이기구 속에서 함성을 지르는 사람들을 보며 말했다. 그 속에는 할아버지, 할머니, 초등학생, 중학생 모두가 함께 한 목소리로 탄성을 지르고 있었다.

## 나의 혐오감 지수는 몇 점?

1. 어린이들을 향해 잼민이라고 부른 적이 있다. — 5점
2. 급식충, 맘충 등의 표현이 재미있어 즐겨 쓴다. — 5점
3. 유행하는 말이면 그 뜻에 대해 상관없이 자주 쓴다. — 5점
4. 애자, 병신이라는 말을 친구에게 한 적이 있다. — 5점
5. 실수하거나 잘못했을 때 장애라는 말을 쉽게 쓴다. — 10점
6. 친구를 향해 뚱땡이, 돼지 등 외모를 비하하며 놀린 적이 있다. — 10점
7. 버스, 지하철에서 노인을 보면 자리를 양보하지 않고 짜증을 낸 적이 있다. — 20점
8. 여자나 남자를 향해 적대적인 감정을 가진 적이 있다. — 20점

**30점 이하** 혐오적인 표현에 대해 인지하고 있어요. 앞으로는 더 주의하도록 해요.

**50점 이하** 마음속에 누군가를 향한 분노가 혐오감으로 표현되고 있네요. 그런 감정을 담아 말을 하면 상대에게 상처를 줄 수 있어요.

**70점 이하** 누군가를 차별하고 혐오하고 폭력적인 표현을 쓰는 것이 일상이 되어 있어요. 위험하네요.

**100점** 혐오 멈춤을 실행해야 해요.

## 혐오 대신 공감과 이해하기

**남자라서 혹은 여자라서 이렇다.**

'남자는 이런 상황에서 이럴 수 있구나', '여자는 저런 상황에서 저럴 수 있구나'라고 이해하는 마음을 갖고 상대의 어려움과 불편에 공감해 주기.

**장애인은 무조건 도와줘야 한다.**

장애에 대한 기준과 역사는 시대마다 조금씩 달라져 왔다. 그래서 장애인이 가진 신체적 혹은 정신적 불편함에 대해 배려하고 이해해 주고, 도움이 필요한 사람이라고 무조건 생각하기 보다 기다려 주고 공감해 주기.

**"나 때는 말이야…." "나는 저 때가 되면 안 그럴 거야."**

나와 다른 세대를 무조건 비난하거나 혐오하기보다는 내가 지나온 시기이거나 시간이 흐르면 나도 그 세대가 될 수 있다는 생각으로 조금 더 열린 마음으로 이해하고 공감해 보기.

**인종 차별, 난민 차별**

차별이 아닌 서로 다르다는 차이를 인정하고 이해하고 공감하려고 노력하기.

**초판 2쇄** 2024년 6월 11일
**초판 발행** 2024년 3월 15일

글 최형미 | 그림 이현정

**펴낸이** 안경란
**펴낸곳** 새를기다리는숲(자매사 파란정원)
**출판등록** 제2019-000069호
**주소** 서울특별시 은평구 가좌로 175, 5층
**전화** 02-6925-1628 | **팩스** 02-723-1629
**제조국** 대한민국 | **사용연령** 8세 이상 어린이
**홈페이지** www.bluegarden.kr | **전자우편** eatingbooks@naver.com
**종이** 다올페이퍼 | **인쇄** 조일문화인쇄사

글ⓒ2024 최형미 | 그림ⓒ2024 이현정
ISBN 979-11-972235-3-2  73300

이 책은 저작권법에 따라 보호받는 저작물이므로 무단 전재와 무단 복제를 금지하며,
이 책 내용의 전부 또는 일부를 이용하려면 반드시 저작권자와 새를기다리는숲(자매사 파란정원·책먹는아이)의 동의를 얻어야 합니다.
*잘못된 책은 구입하신 서점에서 바꿔 드립니다.